D1733616

Exploremos Japón

por Walt K. Moon

EDICIONES LERNER ◆ MINNEAPOLIS

Nota para los educadores:

En todo este libro, usted encontrará preguntas de reflexión crítica. Estas pueden usarse para involucrar a los jóvenes lectores a pensar de forma crítica sobre un tema y a usar el texto y las fotos para ello.

Traducción al español: copyright © 2018 por ediciones Lerner
Título original: *Let's Explore Japan*
Texto: copyright © 2018 por Lerner Publishing Group, Inc.

La traducción al español fue realizada por Annette Granat.

ediciones Lerner
Una división de Lerner Publishing Group, Inc.
241 First Avenue North
Mineápolis, MN 55401, EE. UU.

Si desea averiguar acerca de niveles de lectura y para obtener más información, favor consultar este título en www.lernerbooks.com

Library of Congress Cataloging-in-Publication Data

Names: Moon, Walt K., author.
Title: Exploremos Japón / por Walt K. Moon.
Description: Minneapolis : Ediciones Lerner, [2017] | Series: Bumba books en español—Exploremos países | Includes bibliographical references and index. | Audience: Ages 4–7. | Audience: Grades K–3.
Identifiers: LCCN 2016042724 (print) | LCCN2016043099 (ebook) | ISBN 9781512441246 (library binding : alk. paper) | ISBN 9781512454048 (pbk. : alk. paper) | ISBN 9781512449846 (eb pdf)
Subjects: LCSH: Japan—Juvenile literature.
Classification: LCC DS806 .M61718 2017 (print) | LCC DS806 (ebook) | DDC 952—dc23

LC record available at https://lccn.loc.gov/2016042724

Fabricado en los Estados Unidos de América
1 – CG – 7/15/17

LERNER
e
SOURCE

Expand learning beyond the printed book. Download free, complementary educational resources for this book from our website, www.lernerresource.com.

Tabla de contenido

Una visita a Japón

Japón es un país en Asia.

El país está hecho de muchas islas.

Japón tiene cuatro islas principales.

La tierra está cubierta por montañas.

La mayoría de la gente vive cerca del mar.

¿Por qué piensas que la mayoría de la gente vive cerca del mar?

En Japón viven monos y zorros.

En sus aguas nadan salmones

y atunes.

Japón es famoso

por sus cerezos.

Estos tienen flores

de color rosa.

Los cerezos crecen en

todas partes del país.

Japón tiene ciudades
enormes.

La ciudad más grande
es Tokio.

Trece millones de personas
viven ahí.

14

La gente de todo el mundo

visita Japón.

Escalan montañas.

Compran productos electrónicos

en las ciudades.

¿Qué más puede comprar la gente en las ciudades?

15

Mucha gente japonesa
come sushi.

El sushi está hecho de arroz
y pescado.

El sushi también
tiene vegetales.

¿Por qué piensas que los japoneses comen mucho sushi?

El béisbol es el deporte
principal en Japón.
A la gente le encanta ver
cómo lo juegan.
Los mejores jugadores
son famosos.

Japón es un país bonito.

Hay muchas cosas para ver.

¿Te gustaría visitar Japón?

Mapa de Japón

océano

montañas

Japón

Tokio

22

Glosario de las fotografías

islas

pedazos de tierra rodeados por agua en todos sus lados

productos electrónicos

cosas que obtienen su energía de la electricidad

salmón

un pez de carne de color rosa

sushi

una comida japonesa hecha de arroz, pescado y vegetales

23

Leer más

Barchers, Suzanne I. *The Tale of the Oki Islands: A Tale from Japan.* South Egremont, MA: Red Chair Press, 2013.

Esbaum, Jill. *Cherry Blossoms Say Spring.* Washington, DC: National Geographic Kids, 2012.

Kuskowski, Alex. *Super Simple Japanese Art: Fun and Easy Art from Around the World.* Minneapolis: Super Sandcastle, 2015.

Índice

Crédito fotográfico

Las fotografías en este libro se han usado con la autorización de: © Luciano Mortula/Shutterstock.com, p. 5; © Sean Pavone/Shutterstock.com, pp. 6–7, 12–13, 14, 18–19, 20; © redswept/Shutterstock.com, p. 9; © Norikazu/Shutterstock.com, pp. 10–11; © Marcelo_Krelling/Shutterstock.com, pp. 16–17, 23 (esquina inferior derecha); © Red Line Editorial, p. 22; © blackzheep/Shutterstock.com, p. 23 (esquina superior izquierda © K. Arjana/Shutterstock.com, p. 23 (esquina superior derecha); © Vasik Olga/Shutterstock.com, p. 23 (esquina inferior izquierda).

Portada: © skyearth/Shutterstock.com.